누리 과정에서 쏙쏙

자연탐구 생활 속에서 탐구하기 – 도구와 기계에 대해 관심을 가진다.
　　　　　　　　　　　　　　– 주변에서 반복되는 규칙을 찾는다.

초등 과정에서 쏙쏙

통합 가족1 1. 우리 가족 – 식사는 이렇게
통합 나2 2. 나의 꿈 – 내 꿈을 소개해요

감수 및 추천 이명근 박사(미국 존스홉킨스 대학교 교수 역임, 현재 연세대학교 보건대학원 교수)

세계 곳곳의 재난지에 뛰어들어 어린이들은 물론 도움이 필요한 사람들을 구조하며 봉사의 삶을 사는 분입니다. 알아야 더 잘할 수 있다는 믿음으로 연세대학교 보건대학원에 '국제 재난 대응 전문가 과정'을 개설하여 많은 재난 구조 전문가를 양성하고 있습니다. 국제 NGO인 '머시코'(Mercy Corp.)와 UNDP(유엔경제개발계획)에서 활동하기도 했습니다. 지금은 재난 구호의 필요성을 알리고, 아시아와 아프리카의 개발을 위해 '코이카'(KOICA, 한국국제협력단)와 국제 개발 기관인 '글로벌 투게더' 등과 함께 봉사에 앞장서고 있습니다.

글 채정화

글을 쓰며 살고 싶어 대학에서 문예창작학을 공부하였습니다. 아름다운 사람과 아름다운 세상을 만드는 데 책만이 할 수 있는 일이 있다고 믿고 있습니다. 지금은 어린이 책을 만드는 출판사 편집부에서 일하고 있습니다.

그림 율리아 뒤어

독일 뮌스터 대학교에서 일러스트레이션을 공부하였으며 현재 프리랜서 일러스트레이터로 다양한 분야에서 활동하고 있습니다. 2008년 〈어둠 속에서〉는 그녀가 참여한 첫 번째 그림책으로 독일 도서협회 일러스트레이션 공모전에서 '가장 아름다운 그림책'으로 선정되기도 했습니다.

생활과 물질 | 물질의 변화
37. 마녀들의 이상한 저녁 식사

글 채정화 | **그림** 율리아 뒤어
펴낸곳 스마일 북스 | **펴낸이** 이행순 | **제작 상무** 장종남
대표 조주연 | **주소** 서울특별시 종로구 사직로8길 20, 103호
출판등록 제2013-000070호 **홈페이지** www.smilebooks.co.kr
전화번호 1588-3201 **팩스** (02)747-3108
기획·편집 조주연 김민정 김인숙 | **디자인** 김수정 정수하
사진 제공 및 대여 셔터스톡 연합뉴스 프리픽

이 책의 모든 글과 그림 등의 저작권은 스마일 북스에 있습니다.
본사의 허락 없이 이 책에 실린 내용의 일부 또는 전체를 어떤 형태로든지
변조하거나 무단 복제하는 것은 법으로 금지되어 있습니다.

⚠ 책을 집어던지면 다칠 수 있으니 조심하십시오. 잘못 만들어진 책은 바꾸어 드립니다.

마녀들의 이상한 저녁 식사

글 채정화 | 그림 율리아 뒤어

한나는 집으로 가는 길을 찾아 이리저리 헤매었어요.
얼마쯤 걸었을까요?
저 멀리 반짝이는 불빛이 보였어요.

똑똑똑!
한나는 조심스럽게 문을 두드렸어요.
그러자 문이 삐걱하고 열리더니,
커다란 코가 우스꽝스럽게 구부러진 할머니가 나왔어요.
"길을 잃은 모양이로구나. 어서 들어오렴."
할머니는 호들갑스럽게 한나를 맞이했어요.

다른 할머니가 한나를 보며 말했어요.
"마침 저녁 준비를 하려던 참인데 잘 왔구나."
영리한 한나는 할머니들이 마녀라는 걸 알아챘어요.
'어쩌면 좋아, 날 잡아먹을지도 모르겠네.'

"좋아. 그러면 필요한 재료가 뭐지?"
"토마토 다섯 개, 스파게티 면, 돼지고기 그리고 여러 가지 양념이 필요해요."
한나의 말이 끝나자마자 쭈글쭈글한 마녀가 주문을 외웠어요.

아브라카다브라!
재료야, 나오너라, 얍!

아브라카다브라! 고기야, 다져져라, 얍!

한나가 고기를 반쯤 다졌을 때였어요. 옆에서 지켜보던 마녀가 빽 소리를 질렀어요.
"그렇게 해서 언제 먹겠니? 저리 비켜 봐."

마녀가 주문을 외우자, 눈 깜짝할 사이에 고기가 잘게 다져졌어요.

"조금만 더 기다려 주세요.
이제부터 미트볼을 만들 거예요."
한나는 다진 고기를 둥글게 빚어
프라이팬에 노릇노릇하게 구웠어요.
그러자 고기는 맛도 냄새도 색도 확 변했어요.

고기를 구워요
고기는 굽기 전과 구운 후의 모습이 확연히 달라요.
맛도 냄새도 모두 달라지지요.

"이제 면만 삶으면 돼요."
한나가 끓는 물에 스파게티 면을 넣자,
마녀가 주문을 외우기 시작했어요.

한나는 삶은 면 위에 소스를 붓고, 미트볼도 예쁘게 얹었어요.
"자, 다 되었으니 맛보세요."
"그래, 어서 먹어 보자."
마녀들은 허겁지겁 음식을 먹어 치웠어요.
잠시 후, 식탁 위에는 아무것도 남아 있지 않았어요.

"맛은 있군. 하지만 부족해.
아직 배가 부르지 않단 말이야."
마녀들은 한나를 보며 입맛을 다셨어요.

"이제 후식으로 아이스크림을 만들어 드릴게요."
"아이스크림이라고?"
"네, 후식으로는 아이스크림이 최고거든요."

이번에는 한나가 마녀들에게
우유와 설탕, 크림을 부탁했어요.
"이 재료들을 커다란 통에 넣고 모두 섞을 거예요."
그러고는 의자 위에 올라가더니
커다란 주걱으로 휘휘 젓기 시작했어요.

재료를 섞어요
우유, 설탕, 크림 등 여러 가지 재료들을 한데 섞으면, 새로운 맛이 나요. 각각의 재료들이 갖고 있던 성질이나 맛이 어울리면 맛있는 음식이 되지요.

"자, 이제 이걸 한참 동안 꽁꽁 얼려야 해요.
그런데 이걸 어디에서 얼리지요?"
한나가 문 쪽으로 슬금슬금 걸어가며 말했어요.
"그야 쉽지. 집 전체를 얼리면 되잖아."
마녀는 곧 주문을 외우기 시작했어요.

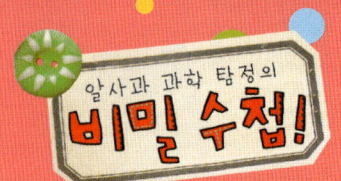

재료를 썰고, 굽고, 끓여서 맛있게 먹자!

요리를 하는 동안, 재료들은 겉모습, 맛, 냄새와 성질이 변하게 돼요.
그 결과, 맛있는 음식이 만들어져요.

🍅 갈거나 자르면 모양이 변해요

재료를 갈거나 자르면, 원래 모습이 달라져요.
하지만 맛과 냄새는 변하지 않아요.

동글동글한 토마토를 갈아요.

토마토즙이 되어요.

두툼한 고깃덩어리를 얇게 잘라요.

작은 고기 조각이 되어요.

🍅 열을 가하면 모양, 냄새, 맛이 변해요

열을 가한 재료는 모양이 변하거나, 더 걸쭉해지거나, 단단해지거나, 맛과 냄새가 달라지기도 해요.

딱딱하고 곧은 스파게티 면을 끓는 물에 삶아요.

말랑하고 부드럽게 변해요.

🍅 여러 재료를 섞으면 새로운 맛이 나요

여러 재료가 원래 모습 그대로 섞여 있는 경우도 있지만, 이것들을 휘휘 젓거나 열을 가하면 완전히 새로운 맛을 내요.

우유, 밀가루, 달걀, 설탕, 버터를 골고루 섞어 말랑말랑하게 반죽해요.

모양을 만들어 구우면 빵이 되어요.

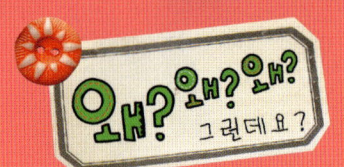
요리 과학에 대한 요런조런 호기심!

라면은 왜 꼬불꼬불해요?

라면은 빠른 시간 안에 손쉽게 만들어 먹을 수 있는 식품이야. 라면을 쭉 펴면 길이가 무려 50미터나 돼. 면을 꼬불꼬불하게 만들면 이 긴 면을 조그마한 라면 봉지 안에 쏙 넣을 수 있어. 또, 면이 꼬불꼬불하면 끓일 때 면 사이로 물이 스며들어 더 빨리 익는단다.

꼬불꼬불한 면 사이로 물이 스며들어 빨리 익어요.

빵을 오래 두면 왜 퍼렇게 변해요?

식빵을 실내에 일주일 이상 오래 놔두면, 퍼렇게 변해. 이것은 곰팡이 균 때문이야. 곰팡이 균은 적당한 물기와 적당히 따뜻한 온도를 좋아하고, 밥이나 떡, 빵 같은 식품을 좋아하기 때문에 이곳에 붙어 잘 자라지. 토마토나 딸기 같은 과일에도 곰팡이가 잘 생겨. 그러니까 식품을 좀 더 오래 보관하려면 냉장고에 두어야 한단다.

빵을 실내에 오래 놔두면, 곰팡이가 피어 퍼렇게 변해요.

옥수수 알갱이가 어떻게 팝콘이 되나요?

옥수수 알갱이에 달콤하면서도 짭짤하게 간을 해서 튀긴 음식이 팝콘이야. 우리 눈에 보이지는 않지만 옥수수 알갱이 안에는 물이 들어 있어. 옥수수 알갱이를 튀기면, 그 안에 있던 물은 밖으로 빠져나가려는 힘이 생겨. 그러면서 옥수수 알갱이가 점점 커지는 거야. 그러다 펑 하고 터지면 맛있는 팝콘이 만들어지는 거란다.

옥수수 알갱이에 흠이 없어야 크게 부푼 팝콘을 얻을 수 있어요.

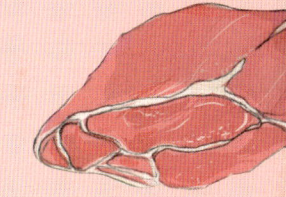

밀가루에 물을 섞어 계속 주무르면 어떻게 돼요?

밀가루와 물을 적당히 섞어 조물조물 주무르면, 처음에는 손가락에 끈적하게 묻지만, 계속 주무르면 끈기가 있고 찰진 덩어리가 되지. 이것은 밀가루 속에 들어 있는 '글루텐' 때문이야. 그래서 글루텐이 밀가루에 많으면 더 쫀득쫀득하고, 글루텐이 적으면 끈기가 덜하단다.

밀가루 반죽을 계속 주무르면, 끈기가 많아지면서 쫀득쫀득해져요.

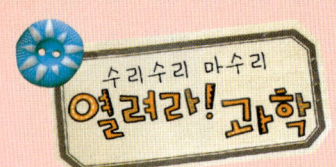

요리 속에 숨어 있는 비밀

요리할 때 쓰는 도구나 음식 속에는 우리가 모르는 편리하고 좋은 점이 담겨 있어요.

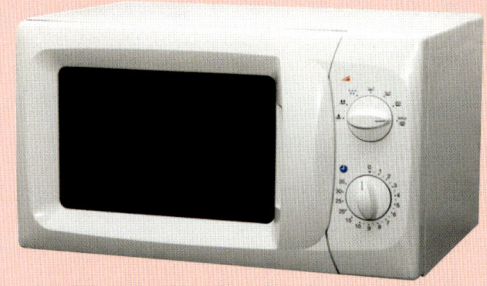

전자레인지는 음식 속에 들어 있는 물 알갱이를 움직여서, 거기서 나오는 열로 음식을 익혀요.

압력 밥솥에 밥을 하면 솥 안의 수증기가 날아가지 않고 그 안에 모이기 때문에 쌀이 빨리 익고, 맛이 좋아요.

우유에 좋은 균을 넣어 만든 **요구르트**는 장 속에 있는 나쁜 균을 없애 주어요.

김치 속에는 좋은 균이 들어 있어요. 김치를 많이 먹으면, 감기도 예방할 수 있어요.

달걀에 무늬 새겨 넣기

준비물 삶은 달걀, 색연필, 유리컵, 무색 식초(투명 식초)

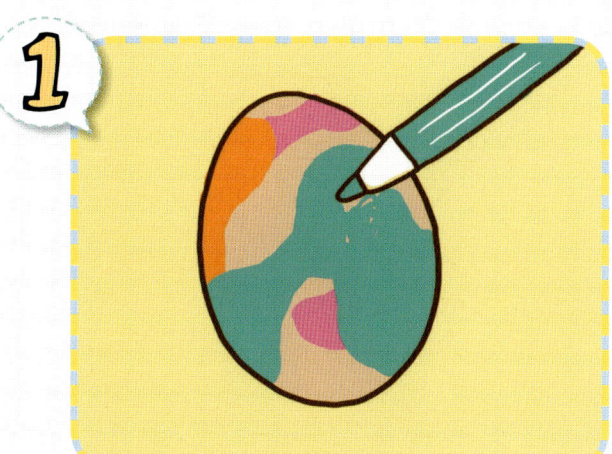

색연필로 달걀을 군데군데 색칠해요.

달걀을 유리컵에 넣고, 달걀이 완전히 잠길 정도로 무색 식초를 넣어요.

2시간 후에 식초를 버리고, 새로운 식초를 넣어요.

2시간 후 달걀을 꺼내 물로 닦아 내요. 달걀에 무늬가 새겨졌어요.

 **엄마, 아빠에게**

식초는 달걀 껍데기를 녹이는 성분이 있어요.
색연필로 칠한 자리만 식초로부터 보호를 받아 껍데기가 남아 있는 거랍니다.